Pfunds Molkerei

Pfunds Molkerei

Jens Wonneberger

be.bra verlag
berlin.brandenburg

Inhalt

Dresdner Molkerei
Gebrüder Pfund.
19 Bautznerstr

Quark macht stark

Eine pfundige Einleitung

Pfund, das hatte für mich schon immer etwas mit Quark und Käse zu tun. Da konnten sie uns in der Schule soviel mit Kilogramm und Gramm rechnen lassen, wie sie wollten, wenn Großmutter mich einkaufen schickte, wurde in Pfund gewogen. Pfund, das paßte zu Sauerkraut oder Quark, die es damals im Dorfladen noch lose gab. Den Quark formte Großmutter zu kleinen, flachen Gebilden, bestreute diese mit Kümmel, deckte das Ganze mit einer Baumwollwindel ab und stellte es sommers aufs Fensterbrett, im Winter auf den Kachelofen. Pfund, das war ein Wort, das einen Geruch hatte. Was für einen Geschmack es hatte, weiß ich nicht zu sagen, denn ich weigerte mich standhaft, von dem Ergebnis der großmütterlichen Käserei zu kosten, auch wenn sie mir versicherte, daß bei entsprechendem Genuß ein Pfundskerl aus mir werden würde. „Quark macht stark", sagte sie, um dann sogleich zu warnen: „Quark alleene macht krumme Beene."

Gewachsen bin ich dennoch, und irgendwann schien mir das Dorf mit seinem Laden zu klein. Die erste Wohnung, die ich in Dresden bezog, lag in der Prießnitzstraße. Ich fuhr mit der Straßenbahn bis zum Diakonissenweg, und das erste, was ich nach dem Aussteigen sah, waren einige Häuser, an denen der Schriftzug PFUNDS MOLKEREI prangte. Kein Wunder also, daß ich mich hier sofort heimisch fühlte. Pfund, das Wort hatte auch hier einen Geruch, der entströmte einem aus gelben Klinkern gebauten Fabrikgebäude und entstand, wie ich später erfuhr, beim Räuchern gepökelter Geflügelteile. Gekostet habe ich auch von dieser Spezialität nicht. Manche Erinnerungen will man sich nicht von der Realität zerstören lassen.

Die Häuser von Pfunds ehemaliger Molkerei freilich passierte ich fast täglich, und der Milchladen, von dem es schon damals, Jahre bevor das Guinness Buch der Rekorde es amtlich bestätigte, hieß, es sei der schönste der Welt, war für mich vor allem der nächstgelegene. Also wurde ich Kunde, und es schien mir angebracht, vom Käse (Quark gab es nun nur noch industriell abgepackt) immer ein halbes Pfund zu bestellen. Und auch sonst tat ich es den alten Frauen gleich, die keinen Blick für die prunkvolle Ausstattung des Ladens zu haben schienen und belustigt die Neugierigen betrachteten, die nicht wie sie wegen Milch und Quark oder Butter und Käse gekommen waren, sondern einzig wegen der Fliesen von Villeroy & Boch. Manchmal, wenn einer dieser Neugierigen seinen Verlegenheitskauf über Gebühr in die Länge zog, spielten sie die Ungeduldigen, doch gleichzeitig, so schien es mir, genossen sie das Interesse der Fremden an „ihrem" Laden. Wie dieser Laden Teil einer untergegangenen Welt zu sein, erfüllte sie mit einem trotzigen Stolz, und so lag über jedem Einkauf ein Hauch von Melancholie. Ein Gefühl, das auch mich befiel, wenn ich in den folgenden Jahren den zunehmenden Verfall der zahlreichen Gebäude sah. So blieb über lange Zeit hinweg beides präsent und war doch gleichzeitig zunehmend von Vergessen und Verfall bedroht. Die Erinnerungen der immer weniger werdenden Zeitzeugen und ein paar erhalten gebliebene Gebäude – Grund genug, sich näher mit der Geschichte der Molkerei Gebrüder Pfund zu beschäftigen und sie in einem Buch zu bewahren.

Der schönste Milchladen der Welt

Gut Reinholdshain, die erste Produktionsstätte der Pfunds

Frisch von der Kuh weg

Vom „gläsernen Milchladen“ zum Großbetrieb

Die Anfänge des Pfund'schen Imperiums hatten auch die alten Frauen nicht miterlebt. 1879 war es, als der Landwirt Paul Gustav Leander Pfund (1849-1923), Sohn eines Dresdner Spirituosenhändlers, der wie Richard Wagner oder Gottfried Semper 1849 auf den Barrikaden gekämpft hatte, mit seiner Frau Mathilde von seinem Gut in Reinholdshain, einem kleinen Dorf am Rande des Erzgebirges, nach Dresden kam, um seine Produkte besser vermarkten zu können. Landwirt war er nicht ganz freiwillig geworden; eine schwere Verwundung im Deutsch-Französischen Krieg zwang ihn, einen „gesunderen Beruf“ zu ergreifen, anstatt wie geplant ins väterliche Unternehmen einzusteigen. Auf dem Reinholdshainer Gut hatten die Pfunds Milchkühe gehalten, mit Erfolg „Meißner Edelschweine“ gezüchtet, eine ertragreiche Hühnerfarm aufgebaut und waren zudem mit einigen, zur damaligen Zeit als Sensation geltenden Neuerungen aufgefallen. So hatten sie zum Beispiel auf die Scheune einen Uhrturm bauen lassen. Doch für ihren Tatendrang erwies sich das Dorf als zu klein, und so machte Paul Pfund bald auch in Dresden von sich reden. Er stellte sechs Kühe hinter eine große Glasscheibe in einen Laden in der damaligen Waldgasse (heute Görlitzer Straße) und ließ die erstaunten Kunden wählen, von welcher Kuh sie Milch zu kaufen wünschten. Dreimal am Tag wurde gemolken und die durchgeseihte, abgekühlte Milch in der „Milchkuranstalt“ und „frisch von der Kuh weg“ als „Sanitätsmilch“ verkauft. 120 Liter am Tage kamen zudem von außerhalb und wurden mit zwei Handwagen zu den Verbrauchern gebracht, zu denen neben den unmittelbaren Nachbarn auch bald

Restaurants, Cafés und die nahegelegene Diakonissenanstalt zählten. Was heute wie der originelle Werbeeinfall eines Ökobauern wirkt, hatte damals nichts Geringeres als das Ziel im Auge, die Milchversorgung der Stadt Dresden zu revolutionieren.

Die Zeit für solch eine Idee war günstig, hatte sich die Milchversorgung der Stadt doch bisher kaum von der kleinerer Gemeinden unterschieden. Produzent und Konsument standen meist in direkter Verbindung, die Milch kam einmal pro Tag in die Stadt, meist schlecht gekühlt und auf Wagen, die auf dem Rückweg die Küchenabfälle oder Altkleider aus der Stadt brachten. Das widersprach dem sich langsam entwickelnden Hygienebewußtsein.

1879, in eben dem Jahr, als Paul Pfund seinen Laden eröffnete, erschien im „Dresdner Anzeiger“ ein großer, über zwei Ausgaben reichender Beitrag über den Zusammenhang von Kindersterblichkeit und Milchversorgung in Dresden. Von allen Lebendgeborenen, so besagte die Statistik, starb ein Viertel bereits im ersten Lebensjahr, wobei fast die Hälfte dieser Todesfälle auf Ernährungskrankheiten und deren direkte Folgen zurückgeführt wurden.

Beklagt wurde vor allem der schlechte Zustand der angebotenen Milch. Auch in einem 1890 erschienenen Warenlexikon für Handel, Industrie und Gewerbe wurde als „Schattenseite“ des Milchhandels bezeichnet, daß es noch kein für den Laien sicher und leicht handhabbares Verfahren gab, Milch auf ihre Güte zu prüfen. Allerdings war bereits 1882 im Reichsgesundheitsamt eine Kommission von Sachverständigen gebildet worden, aus deren Beratungen ein Gesetzentwurf zur Prüfung der Milch in Deutschland

Stallungen in Reinholdshain, um 1910

hervorging. Eine einheitliche Kontrolle konnte aber nicht durchgesetzt werden, und erst am 7. Juli 1889 führte Dresden eine solche Milchkontrolle ein. Ein wichtiges und bis weit in die Nachkriegszeit gültiges Milchgesetz wurde erst 1932 rechtskräftig. Auch der Dresdner Stadtbezirksarzt Professor Dr. Nowack wies den Zusammenhang von Säuglingssterblichkeit und Milchqualität nach. So starben im August 1911 achtzehnmal mehr Kinder im ersten Lebensjahr an Darmkrankheiten als im Februar des gleichen Jahres, da die Milch wegen des Winters auf natürlichem Weg gekühlt wurde. Eine weitere Voraussetzung für den rasanten Aufstieg von Pfund war der rasche Zuwachs der Bevölkerung – die Einwohnerzahl Dresdens hatte sich von 1850 (etwa Hunderttausend) bis 1880 mehr als verdoppelt und bis Anfang der neunziger Jahre verdreifacht. Diese Entwicklung verlangte auch quantitativ nach einer Umgestaltung des Versorgungssystems. Die jährliche Milchzufuhr nach Dresden stieg von 9 000 Tonnen 1886 auf 20 000 Tonnen 1893. In Dresden selbst gab es zu dieser Zeit nur etwa 500 Milchkühe, die weit weniger als zehn Prozent der benötigten Milch erzeugten. Entscheidend für die Versorgung war also der Aufbau eines funktionierenden Transportsystems. Der Ausbau des Verkehrsnetzes und die Einführung der Gewerbefreiheit von 1861 hatten die Voraussetzungen geschaffen, größere Molkereibetriebe zu gründen und ein System von Zwischenhändlern aufzubauen. Pfund war in Dresden der Erste, dem dies gelang.
Vor diesem Hintergrund ist es kaum verwunderlich, daß die Zahl der Kunden fast täglich stieg und die Möglichkeiten des Geschäftes in der Waldgasse

Auch Werbeschriften machten Pfund in Dresden bekannt:
Kindermilch-Broschüre und Postkarte, um 1900

Das Geschäft an der Bautzner Straße vor dem Umbau, 1880

schon nach wenigen Wochen ausgeschöpft waren. Pfund gab die eigene Kuhhaltung in der Stadt auf und zog in die Bautzner Straße, wo die Keimzelle eines Großunternehmens entstand, das sich in den Folgejahren um 11 weitere Grundstücke mit einer Gesamtfläche von ca 14 000 Quadratmetern erweitern sollte. 1880 stieg der Bruder Friedrich als Teilhaber ins Geschäft ein. Er war Schauspieler bei der Meininger Hoftheatergruppe, konnte seinen Beruf aber wegen eines Lungenleidens nicht weiter ausüben. Friedrich Pfund starb bereits 1883. Der Name Dresdner Molkerei Gebrüder Pfund aber blieb bis 1923 bestehen. Zur Unterstützung seines Sohnes verkaufte nach Friedrichs Tod auch der Vater Friedrich Pfund sen. sein Unternehmen und zog auf die Bautzner Straße.
Das Unternehmen expandierte. Pfund kaufte Pferdewagen, die die Milch von den Bauern der Umgebung abholten, und stattete sie mit einem neuentwickelten Kühlsystem aus. Mit zahlreichen Gütern in der Umgebung wurden Lieferverträge abgeschlossen, 1895 waren das immerhin schon 160, andere Güter wurden gepachtet. Auf dem Firmengelände an der Bautzner Straße entstanden Stallungen für die Pferde, Remisen für die Wagen; Kutscher, Stellmacher und Schmiede wurden eingestellt. Der Schriftsteller Erich Kästner, der seine Kindheit in der Dresdner Neustadt verlebte und dessen Onkel in der Hechtstraße mit Pferden handelte, beschreibt in seinem Buch „Als ich ein kleiner Junge war“ einen solchen Pferdekauf: „Lauter imposante Leute mit beträchtlichem Pferdeverstand und dicken Brieftaschen“ hatten sich da im Hof versammelt, unter ihnen „die Herren von der Städtischen

Überall in Dresden waren Pfunds Lieferwagen unterwegs

Die „Pfund'sche Milcharmada" im Hof der Molkerei

Müllabfuhr und der Pfund'schen Molkerei – man hatte den Eindruck, hier würden keine Pferde, sondern dicke Männer verkauft!" Mehr als hundert Pferde und ebensoviele Wagen zählten nach der Jahrhundertwende zur Pfund'schen Milcharmada, und auch 1912, als längst die ersten Autos angeschafft waren, zogen noch immer viele Pferde und sogar Esel die Wagen. Das erste Lastauto war übrigens 1900 in Dienst gestellt worden, mit einigen kuriosen Begleitumständen. Zwar brauchte das Gefährt, da es weder von Pferden noch von Hunden gezogen wurde, den nach mittelalterlichen Regeln festgelegten Brückenzoll nicht zu entrichten, der Fahrer mußte aber die Fußgänger gleich einem Kutscher durch Anruf warnen, da Hupen noch verboten war.
Neben den Pferdewagen, die die Milch aus der näheren Umgebung holten, zunehmend aber nur noch für den innerstädtischen Transport eingesetzt wurden, gewann rasch der Bahntransport aus Schlesien und der Niederlausitz an Bedeutung. Schon um die Jahrhundertwende wurden drei Viertel des Dresdner Milchbedarfs von dieser sogenannten „Bahnmilch" gedeckt. Die Hälfte der mit der Bahn in die Stadt gebrachten Milch nahm Pfund ab, der darüber hinaus nach der Jahrhundertwende selbst Elbeschiffer unter Vertrag hatte, um die Milch mit Booten aus Böhmen nach Dresden bringen zu lassen.
1884 eröffnete im ehemaligen Stadtwaldschlößchen auf dem Postplatz die erste Filiale der Molkerei, bis 1930 wurden 55 solche über das gesamte Stadtgebiet verteilte Verkaufsstellen eingerichtet. Dazu wurden Geschäfte angemietet, oder es entstanden Milch-Pavillons mit reich verzierten Giebeln

Pfunds erste Filiale am Postplatz

Reklamefahrt für das neue Produkt Kondensmilch

Die Verkaufsstellen an der Bürgerwiese und im Großen Garten

60 Einkaufswagen und 85 Austrageburschen waren für Pfund unterwegs

In der Abteilung Verschlußmaschinen für Kondensmilch

und Kuppeln an verschiedenen Stellen der Stadt, so am Eingang zum Großen Garten, an der Bürgerwiese und im Rathauspark auf dem Weißen Hirsch. Und selbstverständlich wurden alle Produkte in Dresden und den Vororten frei ins Haus geliefert.

Das Pfund'sche Imperium

Der jährliche Milchumsatz stieg stetig und hatte sich schon zehn Jahre nach der Gründung der Molkerei etwa verdreißigfacht und bis 1909 noch einmal vervierfacht.

Jahr	Milchumsatz in Litern pro Jahr
1880	182 000
1885	2 100 000
1890	5 500 000
1895	8 800 000
1900	9 500 000
1909	20 000 000

Die Zahl der Beschäftigten war 1905, im Jahre des 25jährigen Firmenjubiläums, auf 177 Beamte und Arbeiter angewachsen, 60 Verkaufswagen waren unterwegs und 85 Austrageburschen im Dienst.

Diese Entwicklung war nicht ohne Anstrengungen möglich gewesen, denn die Milchversorgung Dresdens war nicht zuletzt ein riesiger Markt, um den, wie in jeder anderen Branche auch, hart gerungen wurde. Der „Dresdner Anzeiger“ sprach 1903 von einem regelrechten „Milchkrieg“. Pfund hatte diesen „Krieg“ für sich entschieden, zu den Kunden zählten bald „Kantinenwirtschaften und mehrere Truppenabteilungen“ in den nahegelegenen Kasernen der Antonstadt, das städtische Waisenhaus, die städtische Arbeitsanstalt und zahlreiche Cafés, Restaurants und Privathaushalte, ja selbst die „Kochkunstschule in Leipzig“.

Voraussetzung für einen derartigen Aufschwung war die Nutzung neuester technischer Möglichkeiten bei der Milchverarbeitung, bei deren Einführung Paul Pfund immer wieder Mut bewies und an deren Entwicklung er selbst maßgeblich beteiligt war. So setzte er 1880 als erster im Königreich Sachsen die vom Schweden Lavall entwickelte Entrahmungsmaschine ein, mit der die nicht sofort verkaufte Milch weiterverarbeitet werden konnte. 1885 wurde ein neuer Pasteurisierungsapparat aufgestellt, der die Milch kurzzeitig erhitzte und damit die hygienischen Anforderungen der Zeit erfüllte. 1900 führte Pfund die „Dauerpasteurisierung“ nach Dr. Hesse ein. Der Geh. Medizinalrat Dr. Hesse hatte in seinem bakteriologischen Labor an der Technischen Hochschule in Dresden ein Verfahren entwickelt, bei dem Bakterien nicht nur durch hohe Hitzegrade, sondern durch eine etwa halbstündige Wärmebehandlung bei 63°C abgetötet wurden. Dies war eine Revolution für die Versorgung großer Städte mit Milch.

1888 begann Pfund als erster Molkereibesitzer Deutschlands mit der Kondensmilchherstellung, am 4. Oktober ließ er sich dafür eine Schutzmarke ins

„Condensirte Milch" wurde ab 1888 bei Pfund hergestellt

Markenregister eintragen. Die Milch wurde mit Zucker versetzt und in Vakuumapparaten eingedickt. Das Verfahren stammte aus Amerika und war 1866 durch die „Anglo Swiss Condensed Milk Company“ in Cham in der Schweiz in Europa eingeführt worden. Ganz ohne Risiko und Rückschläge ging das nicht, so flog bei einer Vorführung des neuen Produkts in London eine Blechdose in die Luft.

Beweggrund für diesen Schritt waren die erheblichen Schwankungen bei den Milchlieferungen und beim Milchabsatz. Es gab große jahreszeitliche Unterschiede, sowohl bei der Milchproduktion als auch beim Absatz. So brauchte zum Beispiel allein der Dresdner Konsumverein „Vorwärts“ vor

Weihnachten 10 000 Liter Milch pro Tag für die Stollenbäckerei, während in der übrigen Zeit des Jahres nur 200 Liter pro Tag abgenommen wurden. Da die Milch auf den gepachteten Gütern produziert wurde und man auch bei den anderen Lieferanten durch langfristige Verträge zur Abnahme der Milch gezwungen war, entstanden Überschüsse, die weder in der Butterei und Käserei allein verarbeitet werden konnten, noch reichte es aus, den Pferden statt Wasser Milch in die Tränke zu geben und nebenher Schweine zu mästen. Der Überschuß blieb, doch die Produktion von Kondensmilch war ein guter Regulator. Die Haltbarkeit der Kondensmilch und die Ausweitung der Produktionspalette machte es möglich, auch in anderen Städten, zum

Beispiel in Chemnitz und Annaberg, Filialen zu eröffnen. Für Pfund war die Einführung des Verfahrens außerdem mit der Möglichkeit verbunden, die Geschäfte auf das Ausland auszuweiten. Noch im gleichen Jahr wurde in London die „Anglo-Saxon Condens-Milk-Company", ein Export-Verkaufskontor, eröffnet. Über die Hamburger Firma „Otto Peycke & Sohn" wurde die Marke „Sun Brand" nach Südafrika verkauft, und nachdem Pfund 1904 im böhmischen Lobositz eine Kondensmilchfabrik gebaut hatte, eröffnete er in Hamburg sein eigenes Speditionskontor, von wo aus er in alle wichtigen Häfen Afrikas, Asiens, Australiens und Amerikas lieferte. Die dafür nötigen Blechdosen wurden, nebst einem speziellen Patent-Öffner, in der eigenen Dosenfabrik hergestellt. Diese Entwicklung vollzog sich, wie ein Blick auf die Produktionszahlen beweist, nicht ohne Rückschläge.

Umfang der Produktion kondensierter Milch

Jahr	Dosen
1889	375 000
1890	1 270 000
1891	1 644 000
1892	673 000
1893	1 260 000
1894	1 200 000

Die Einbrüche im Jahr 1892 sind auf Schwierigkeiten bei den überseeischen

Geschäften zurückzuführen und zeigen, wie sehr das nun international tätige Unternehmen auch von politischen und wirtschaftlichen Entwicklungen in einzelnen Staaten und der allgemeinen Weltlage abhing, eine Tatsache, deren Auswirkungen sich später vor allem in Kriegszeiten zeigen sollten. Vorerst aber stieg die Produktion wieder an, und allein 1909 gelangten 150 000 Holzkisten zu je 48 Pfunddosen („Pfund" hier wirklich als Maßeinheit) in den Versand.

In Spitzenzeiten wurden täglich bis zu dreißig Zentner Butter hergestellt. Die Produktionspalette der Molkerei umfaßte nun außerdem alles, was zur damaligen Zeit aus Milch hergestellt wurde. Ganz gleich ob Dickmilch, Buttermilch, Joghurt, Kefir („Milch, die 24 Stunden auf Pilzen gestanden"), Quark oder Käse („Pfunds Tafel-Käschen in Staniolverpackung"), Milch- und Sahnepulver, „saure Milch, bräuchlich mit getriebenem Brote und aufgestreutem Zucker", „Butter in fünf verschiedenen Qualitäten" – bei Pfund gab es alles, selbst heute exotisch anmutende Erzeugnisse wie Molkenlimonade stellte man her. 1896 nahm Pfund eine Abteilung für Kindernahrung in Betrieb, in der eine „künstliche Muttermilch auf Grund der Einweißtheorie" hergestellt wurde. Für diese Kindermilch wurden nur Lieferungen von ausgewählten Gütern mit Trockenfütterung verwendet (neben Reinholdshain war dies auch ein Gut in Pillnitz), es entstand eine sogenannte Vorzugsmilch, die pasteurisiert war, das heißt auf 70 Grad erhitzt, dann auf 9 Grad abgekühlt und in verplombte Flaschen abgefüllt wurde, was ihr eine „unbegrenzte Haltbarkeit" verlieh. Ein Teil der Milch wurde sogar bei 105 Grad

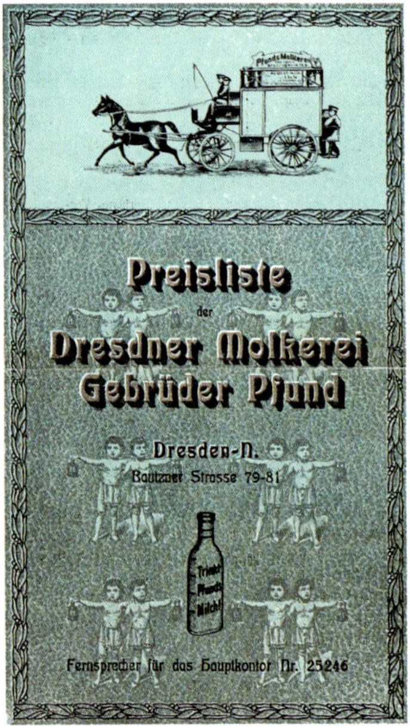

Die Vielzahl von Pfunds Milchprodukten machte ein Preisverzeichnis erforderlich

sterilisiert und war nur in Apotheken und Drogeriegeschäften zu bekommen. Geburtskliniken, Krankenhäuser, Kinderpflege- und Heilanstalten wurden mit Pfunds Kindermilch beliefert. Jeder Flasche war eine spezielle Gebrauchsanweisung beigelegt.
Fast alles, was zur Verpackung und zum Transport benötigt wurde, von der Kisten- und Kartonagenherstellung bis zur Druckerei für die Etiketten, Postkarten und andere Werbemittel, wurde selbst entwickelt und bewerkstelligt. In den Nebengebäuden der Zentrale in der Bautzner Straße fanden sich die Druckerei mit vier Tiegeldruckpressen, zwei Handpressen und Buchbinderei, Schlosserei und Tischlerei, Verzinnerei und Klempnerei, Lackiererei und Dampfwäscherei. Zur Kühlung der Produkte wurden Kohlensäureeismaschinen aufgestellt, die täglich über eine Tonne Kunsteis produzierten. Im Winter wurden für den Betrieb 500 Doppelwaggons Kohlen und Briketts benötigt. Immer mehr bei der Produktion anfallende Abfälle hatten die Einrichtung einer Schweinemastanlage in der Vorstadt Mickten ermöglicht, in der um die Jahrhundertwende über 500 Schweine gehalten wurden.
Neben den Nahrungsmitteln wurde die Entwicklung und der Vertrieb einer Kosmetikserie aus Milch ein weiteres Standbein. Milch- oder Buttermilchseife, Milchlotion – der Phantasie schienen keine Grenzen gesetzt. „Das Sieden der Seife ist Betriebsgeheimnis", hieß es 1896. Für den Verkauf war ein riesiger Reklameaufwand notwendig, Agenten und Vertreter zogen durchs Land, bis die Milchseife schließlich per Massenexport sogar nach Österreich, Rußland und Italien geliefert werden konnte.

Paul Pfund - der Ritter vom Albertorden

Die Molkerei der Gebrüder Pfund war nach der Jahrhundertwende, ähnlich anderen damaligen großstädtischen Milchbetrieben in Deutschland, ein prosperierendes, kapitalistisches Familienunternehmen geworden und neben der Firma Bolle in Berlin eine der führenden Großmolkereien Deutschlands. Die Geschäfte florierten. Pfund meldete mehrere Patente an, seine Produkte waren auf nationalen und internationalen Messen, u.a. in London und Brüssel, ausgestellt und wurden dort mit zahlreichen Preisen bedacht. Die erste große Fachausstellung in Dresden, die 1894 auf dem Gelände der Vogelwiese stattfindende „Internationale Ausstellung für Nahrungsmittel und Volksernährung", organisierte Pfund mit zwei anderen Dresdner Fabrikanten selbst. Die Schau bot neben Fachlichem mehrere Attraktionen; Fesselballons stiegen auf, und die damals weltberühmten Pyrotechniker „Thomas & Son" aus London veranstalteten ein Feuerwerk, wie es Dresden noch nicht gesehen hatte. Der Erlös der Veranstaltung wurde für wohltätige Zwecke bestimmt.

Über den wirtschaftlichen Erfolg hinaus erlangte Paul Pfund auch Verdienste auf sozialem Gebiet. Verdienste, die über die der Milch innewohnenden Eigenschaften als Nahrungs- und Heilmittel („Dem Säugling Nahrung, dem Durstigen Labung, dem Schwachen Stärkung, dem Kranken Heilung", lautete ein Motto) hinausreichten. So führte Pfund als erster Dresdner Unternehmer in seinem Kontor den durchgängigen 8-Stunden-Arbeitstag (von

In der Betriebskantine, um 1900

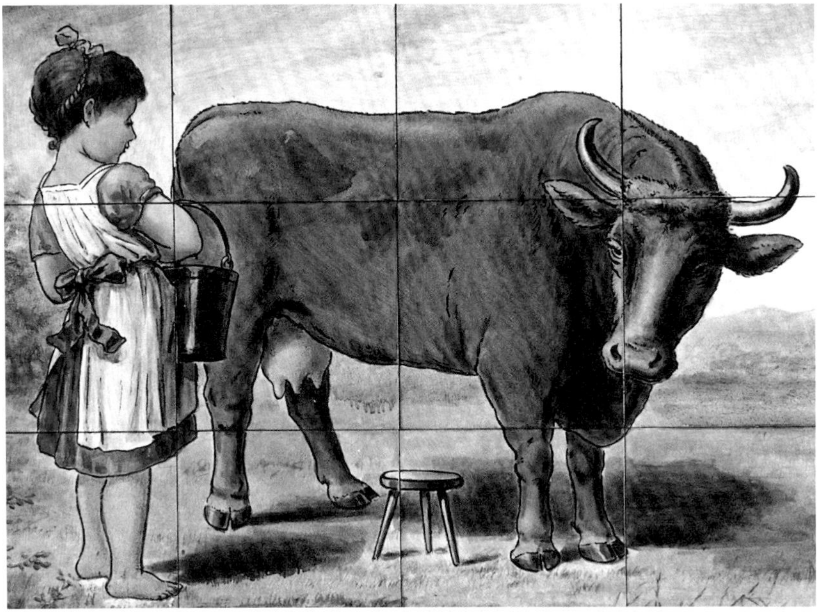

Nur als Austrageburschen waren Kinder bei Pfund beschäftigt

8 bis 16 Uhr) und für die übrige Belegschaft eine zehnstündige Arbeitszeit ein. Es wurde in mehreren Schichten gearbeitet. Für die Transporte wurden auch Kinder als Hilfskräfte beschäftigt. Das mag heute verwerflich klingen, war aber damals, zumal in wirtschaftlichen Krisenzeiten, für viele Familien eine nicht zu unterschätzende Einnahmequelle. Die Austrageburschen durften nur bis „3 Uhr nachmittags" arbeiten, die Beschäftigung von Schulkindern war auch sonntags verboten. „Die Gehälter variieren naturgemäß entsprechend der Leistungsfähigkeit und der Bedeutung des verwalteten Postens, wobei das gewonnene Vertrauen und die Anciennietät eine bedeutende Rolle spielen." Kurz vor der Jahrhundertwende verdienten die technischen Leiter 110-170 Mark im Monat, eine Verkäuferin 70 Mark und ein Handwerker 20-25 Mark. Der Liter Vollmilch kostete damals 22 Pfennig.

Die Molkerei verfügte über eine eigene Betriebskrankenkasse, sie zahlte für ärztliche Behandlung, Arznei und Heilmittel, es gab Krankengeld für Mitglieder und Angehörige sowie Sterbegeld. Wöchnerinnen wurden finanziell unterstützt, und es gab Zuschüsse für Kuraufenthalte. Pfund ließ auf seinem Firmengelände zahlreiche Angestelltenwohnungen und einen Gesellschaftssaal mit Theaterbühne bauen, und seit Oktober 1897 hatte die Molkerei einen eigenen überaus erfolgreichen Männer-Gesang-Verein, seit Anfang der dreißiger Jahre auch einen Frauenchor. Es gab ein Bad für die Angestellten („Douchebad ohne Handtuch 5 Pf., Wannen- und Douchebad mit Handtuch 15 Pf."), einen Kinderhort und eine eigene, ab November 1897 mindestens einmal im Monat erscheinende Betriebszeitung. In ihr findet sich neben lokalen und betriebsinternen Neuigkeiten ein Fortsetzungsroman und so manches Kuriosum. Da werden die Ausfahrer darauf hingewiesen, daß die Arbeit am Sonntag halb 9 Uhr zu beenden ist, werden Verkäuferinnen im „Benehmen gegen die Kundschaft" geschult, erfährt man, daß das Kindermädchen Martha Trinks am 1. März 1888 zur Verkäuferin avancierte, wann der Dachdecker Heinrich seine erste Rechnung präsentierte, daß am 3. September 1891 758 Mark aus den Ladenkassen gestohlen wurden oder Ihre Majestät Königin Carola auf dem Molkereihof Reinholdshain mit einem Blumen-Bouquet überrascht wurde.

Am 23.April 1900, auch das steht selbstverständlich in der Betriebszeitung, wurde Paul Pfund für seine Verdienste um Sachsens Wirtschaft und Volksgesundheit zum Königlich Sächsischen Kommerzienrat ernannt. Eine weitere Ehrung erfuhr Pfund am 24. März 1906, als Seine Majestät König Friedrich August von Sachsen die Molkerei „Mit Allerhöchstseinem Besuche" auszeichnete.

Paul Pfund gehörte auch außerhalb seines Molkerei-Imperiums zu den angesehendsten Persönlichkeiten der damaligen Zeit. Er war Ritter vom Albertorden in Gold und als Freimaurer Mitglied der Loge „Zu den ehernen Säulen", deren Versammlungslokal sich in der Bautzner Straße befand; er saß im Vorstand des Vereins der Handlungsgehilfen für Dresden und Umgebung, der eine Art Arbeitslosenunterstützung zahlte und Stellen, Wohnungen und Erholungsmöglichkeiten vermittelte, und war zweiter Vorsitzender der Berufsgenossenschaft für Molkerei-, Brennerei- und Stärkeindustrie.

Nachrichten
der
Dresdner Molkerei
Gebrüder Pfund.

Nr. 4. | Dresden, Sonnabend, den 24. März 1906. | 10. Jahrg.

Herausgegeben und gedruckt in Anwesenheit
Seiner Majestät des Königs von Sachsen.

Die Betriebszeitung vom 24.3.1906 zeigt den „Allerhöchstseinen Besuch“ von Friedrich August von Sachsen an

Dresdner Molkerei
Gebrüder Pfund
Hauptcomptoir
DRESDEN BAUTZNER-STR. 41/42.
Prämiirt mit den höchsten Preisen auf allen ... Ausstellungen
Staatsmedaille, Ehrenpreis der Stadt Dresden.
Staatsmedaille, Ehrenpreis der Stadt Leipzig.
MOLKEREI PRODUCTE.
Vollmilch, süsse abgerahmte Milch.
Gereinigte Milch für Kinder u. Kranke.
Sterilisirte (keimfreie) Kindermilch
(Trockenfütterung)
Sahne
Schlag-Sahne, Sauere Sahne.
...ttermilch u. Molken.
...r, Butter I. Butter II. Butter III. u. IIII.
...rten Käse, Quark etc.
Dresden, den 16. November 1891.

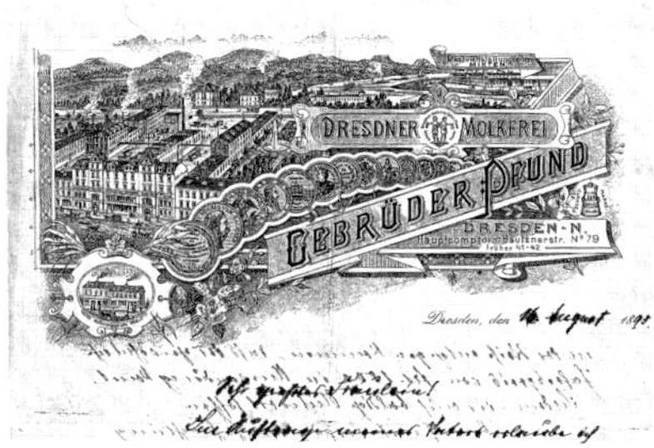
DRESDNER MOLKEREI
GEBRÜDER PFUND
DRESDEN-N.
Hauptcomptoir Bautznerstr. N° 79
Dresden, den 16. August 1898.

Mitglieds-Karte
des
Dresdner Bauvereins für Arbeiterwohnungen.

Mitglieds-Beitrag pro 1893 M. 3.
Dresdner Molkerei Gebr. Pfund, Bautzner Str. 41
Dresdner Bauverein für Arbeiterwohnungen.

№ 2060 1889.
Bezirksverein gegen den Missbrauch geistiger Getränke
zu Dresden.
Herrn Gebrüder Pfund
Dresdner Molkerei
Bautznerstraße 41.
hat als Mitglied den Beitrag auf das Jahr 1889 mit M 1.50 bezahlt.
Bezirks-Verein gegen Missbrauch geistiger Getränke Dresden.
Der Vorstand.

Insignien eines Unternehmers: Briefköpfe und Mitgliedsausweise

Dazu kamen Mitgliedschaften in Wohlfahrtsvereinen wie dem „Verein Volkswohl zu Dresden“, dem „Dresdner Bauverein für Arbeiterwohnungen“ oder dem „Bezirksverein gegen den Missbrauch geistiger Getränke“.
Am 10. Juli 1923 starb Paul Pfund im Alter von 73 Jahren an einem Herzschlag. Die große Trauerfeier fand in der nahe der Bautzner Straße gelegenen Martin-Luther-Kirche statt, auf dem Altar stand eine Bronzebüste des Verstorbenen, ein einstiges Geschenk seiner Angestellten. Kurz vor seinem Tod hatte der Firmengründer das Unternehmen in eine Familiengesellschaft m.b.H. umgewandelt, deren Direktoren sein Sohn Max und Bernhard Ganssauge wurden.
Aus der Ehe mit Mathilde Pfund, die die Arbeit ihres Mannes in der Molkerei anfangs tatkräftig unterstützt hatte, aber nach schwerer Krankheit schon 1891 starb, waren sechs Kinder hervorgegangen. Die Söhne Max und Kurt waren in der Molkerei von Dr. N. Gerbers in Zürich, einem führenden Forscher auf dem Sektor der Molkereiwirtschaft, ausgebildet worden.
Während Max, der selbst einige Hilfsmaschinen erfand, die väterliche Molkerei weiterführte, promovierte Kurt mit der Schrift „Die Versorgung großer Städte mit Milch“, die 1896 in Dresden, seinem Vater Paul Pfund gewidmet, als Buch erschien, zum Dr. phil. und reiste einige Jahre um die Welt. Reisen und Expeditionen, bei denen er seine persönlichen Interessen mit denen der Firma zu verbinden wußte. So brachte er neben Kenntnissen über technische Neuerungen aus Amerika auch Wissen um damals noch exotisch

Paul Pfund, der Firmengründer

Max Pfund, Direktor ab 1923

anmutende Verfahren zur Milchverarbeitung mit, zum Beispiel für einen auf orientalische Art hergestellten Joghurt. „Die Schutztruppe in Deutsch-Südwestafrika“ trank selbstverständlich Milch von Pfund. Über eine ausgedehnte, mehrjährige Afrikareise schrieb Kurt Pfund das Buch „Kreuz und quer durch Deutsch-Ostafrika“, das 1912 erschien. Neben den Schwestern Bertha, Else und Liddy, letztere lebte als Ehefrau des Konsuls Erich Windel zeitweise in Java, ist besonders die jüngste Tochter Charlotte erwähnenswert. Sie war Französisch- und Englischlehrerin und arbeitete als angesehene Porträtmalerin. Sie heiratete den Fliegeroffizier Krafft Christian Tesdorpf, lebte auf Sumatra und später wie Bertha in Reinholdshain. Sie hatte enge Kontakte zu Künstlern wie Otto Dix, Gerhart Hauptmann, Emil Ludwig, Erich Maria Remarque, Gret Palucca und dem Verleger Ernst Rowohlt. Krafft Christian Tesdorpf diente Gerhart Hauptmann als Vorbild für seinen „Till Eulenspiegel“. 1949 nahm sich Charlotte Tesdorpf das Leben.
Das Familiengrab der Familie Pfund befindet sich auf dem Dresdner Trinitatisfriedhof.

Sich regen bringt Segen

Die Gesamtanlage der Molkerei erstreckte sich von der Bautzner Straße 73-81 bis über die Prießnitzstraße und entstand zum Großteil in den Jahren 1880 bis 1930, als die Firma ihre größte räumliche Ausdehnung erreichte. Die beiden zweigeschossigen Gebäude aus der Anfangszeit

Umbau der Gebäude an der Bautzner Straße, 1891

konnten dem enormen Platzbedarfs des sich rasch vergrößernden Unternehmens nicht mehr genügen, hinzu kam ein steigendes Bedürfnis nach Repräsentation. Von den ca. 14 000 Quadratmetern Gesamtfläche wurden im Laufe der Jahre 6 000 bebaut. Viele der Bauprojekte wurden vom Architekten Friedrich Hermann Richter entworfen und unter seiner Leitung umgesetzt.

Zwei der später zu PFUNDS MOLKEREI gehörenden Häuser an der Bautzner Straße (Nr. 73 und 77) wurden bereits Mitte des 19. Jahrhunderts gebaut und in den zwanziger und dreißiger Jahren angemietet. Ihre Bedeutung für die Molkerei war gering, in ihnen befanden sich Wohnungen, zumeist für mittlere Beamte. Das dazwischenliegende Wohnhaus (Nr. 75), um 1900 errichtet, kam erst 1924 in den Besitz von PFUNDS MOLKEREI. Hier wohnten Oberinspektoren und in der Mansarde Dienstboten, die Hausfassade, wie die aller anderen Häuser auch, wurde für die Eigenwerbung genutzt. In der spitzwinklig von der Bautzner Straße abzweigenden Prießnitzstraße entstanden zahlreiche, zum Teil villenartige Gebäude mit unterschiedlicher Nutzung.

Gleich am Anfang der Straße (Nr. 6) steht das ehemalige Wohnhaus der Familie Pfund, ein dreigeschossiges, 1895/96 erbautes Mehrfamilienhaus mit fast quadratischem Grundriß. Es verfügte neben wertvoller Raumausstattung mit Holztäfelung, Fliesen und Schmuckdetails über einen Aufzug, der die Bar im Obergeschoß mit der darunterliegenden Küche verband. Im zweiten Obergeschoß und der Mansarde befanden sich Bediensteten-

wohnungen. Ein Putzband im Gebälk trägt noch heute die Aufschrift PFUNDS MOLKEREI. Bei Umbauten nach 1945 wurden durch Wohnungstrennungen zahlreiche Innenausbauten und der Aufzug beseitigt.
Das Haus Nr. 7 auf der gegenüberliegenden Straßenseite, ein dreigeschossiges Reihenwohnhaus, entstand um die Jahrhundertwende und wurde als Wohn- und Wirtschaftsgebäude genutzt. In dem mit organischen Formen des Jugendstils verzierten Gebäude, das ebenfalls noch immer die Aufschrift PFUNDS MOLKEREI trägt, befanden sich Sozial- und Umkleideräume, eine Kantine mit vier Speisesälen, in denen die durch unterschiedliche Dienstuniformen auch äußerlich gekennzeichneten Oberinspektoren, Inspektoren, Angestellten und Arbeiter verpflegt wurden, und einer Wohnung für den Kantinenwirt, der auch nachts die im Dreischichtsystem arbeitenden Angestellten versorgte. Für einen großen Teil der männlichen Arbeiter standen wahrend der Nachtschichten hier auch Schlafräume zur Verfügung; drei bis vier Arbeiter schliefen in einem Raum, „der Zimmer-Älteste hat(te) für die Aufrechterhaltung der Ordnung“ Sorge zu tragen.
Das freistehende, zweigeschossige und mit hölzernen Veranden versehene Gebäude Nr. 8 entstand um 1862 und ging Ende des 19. Jahrhunderts in Pfund'schen Besitz über. Es beherbergte die Wohnungen des Rechtsanwalts und Komplementärs der Molkerei. In den benachbarten Häusern Nr. 10 und 12 befanden sich die Wohungen der mittleren Beamten. Auf dem Grundstück Nr. 10 steht zudem ein 1896/97 gebautes Hintergebäude, das über den zum Hof hin offenen Pferdeställen und Wagenremisen den

Die neue Fassade Bautzner Staße 79

Festsaal mit Bühne und 500 Plätzen beherbergte. Der Saal wurde am 16. Oktober 1897 mit einer Aufführung der betriebseigenen Kapelle feierlich eröffnet. Hier fanden zahlreiche Feierlichkeiten und die Auftritte des Gesangsvereins der Molkerei statt. Für die Festlichkeiten anläßlich des 25jährigen Bestehens der Molkerei im Jahre 1905 erwies sich der Saal allerdings als zu klein. Das Fest mit Bannerweihe und Musikaufführungen, Festreden und großem Ball fand in den Räumen der Waldschlößchen-Brauerei statt. Nach dem Krieg wurde der Festsaal bis in die sechziger Jahre als Versammlungsort von Parteien und anderen Organisationen genutzt. Erst nach der Verstaatlichung der Molkerei wurde der Saal in den siebziger Jahren umgebaut und nach einem Deckeneinzug in Höhe der Galerie als Lager genutzt.
In zwei weiteren Gebäuden an der Prießnitzstraße (Nr. 14 und 16) befanden sich Wohnungen und das zur Molkerei gehörende Labor sowie ein Kinderhort. Im Laboratorium, das von einem geprüften Nahrungsmittelchemiker geleitet wurde, erfolgten die Untersuchungen der Milch auf Fett, Schmutz und Bakterien. Pfund forderte von seinen Lieferanten eine Milch mit mindesten 3 Prozent Fettgehalt; allein 1894 wurden etwa 750 solcher Kontrollen durchgeführt. Das Laboratorium stellte Bürgschaften für die hygienisch einwandfreie Beschaffenheit der Molkereiprodukte aus.
Die meisten der genannten Produktions- und Werkstattgebäude der Molkerei lagen auf den der Straße abgekehrten Seiten, zwischen Bautzner- und Prießnitzstraße. Heute ist von alldem kaum noch etwas zu erahnen – die meisten Gebäude sind fast vollständig abgerissen.

Der Festsaal, 1897 feierlich eröffnet

Der reich verzierte Verkaufsraum in der Bautzner Straße

Das Land, wo Milch und Honig fließen

Der schönste Milchladen der Welt

Das Aushängeschild der DRESDNER MOLKEREI GEBRÜDER PFUND war zweifellos der heute noch erhaltene Milchladen im Erdgeschoß des Hauses Bautzner Straße 79.
1891/92 wurde die ursprüngliche Bebauung abgerissen, und unter Leitung des Architekten Friedrich Herrmann Richter entstand ein viergeschossiges Reihenhaus aus roten Klinkern mit einer Durchfahrt zu den Hofgebäuden und zwei, später allerdings abgebrochenen Giebeltürmchen.
In den oberen Geschossen des Hauses waren Verwaltungs- und Wohnräume. In den sechziger Jahren wurden bei Umbauten die Holztäfelungen und Stuckdecken dieser Räume beseitigt. Nur alte Fotos vermitteln noch einen Eindruck von der gediegenen, für die damalige Zeit sehr modernen Einrichtung des Hauptkontors und des Direktionszimmers. Die von Friedrich Robert Rentzsch gefertigte Kontorausstattung war vor dem Einbau sogar öffentlich ausgestellt worden.
Der Laden selbst gilt heute als Zeugnis einer konsequenten Raumgestaltung mit einer Einheit von Funktion, Konstruktion und Wirkung. Er ist zudem das älteste mitsamt seinem Interieur erhaltene Ladengeschaft Dresdens. Die oft kolportierte Bezeichnung als „schönstes Milchgeschäft der Welt“ geht auf einen 1910 im „Salonblatt“, einer „Modernen illustrierten Wochenzeitschrift für Theater, Kunst und Sport“, veröffentlichten Beitrag zurück. Über die Anregungen, die den weitgereisten Kommerzienrat Paul Pfund bei der Einrichtung seines Landens inspirierten, kann nur spekuliert werden. Doch ganz gleich, ob man sich an die Papstloggien des Vatikan, an Villen in Rom

Teilansicht der an den Milchladen angrenzenden Trinkhalle

Majolikafliesen der Firma Villeroy & Boch im 1892 eröffneten Milchladen

und Siena oder eine Molkerei im englischen Windsor erinnert fühlt, entscheidend ist das Ergebnis, und das kann sich noch heute sehen lassen. Wahrscheinlich hatte es Pfund die maurische Pracht von Madeira angetan, wo er nach einem Jagdunfall einen Winter zur Erholung verbrachte. Während dieses Aufenthalts entfaltete der umtriebige Molkereibesitzer übrigens einige Aktivitäten: Er führte Schweine und Kühe aus Deutschland ein, pflanzte auf einigen, dem Hafen von Funchal vorgelagerten öden Eilanden nordische Birken an und galt unter den Insulanern als der „verrückte Alleman". Pfund dürfte erholt, zufrieden und mit neuen Ideen zurückgekehrt sein.

Der Laden an der Bautzner Straße besteht aus einem etwa 8,00 m x 5,00 m x 3,70 m großen Verkaufsraum und einer danebenliegenden etwa 4,00 m x 5,00 m x 3,70 m großen Trinkhalle, die sich zur Straßenseite durch raumbreite und -hohe, im Inneren mit Messinggeländern versehene Schaufenster öffnen. Beide Raume befinden sich auf Straßenebene, weshalb der Höhenunterschied zum bereits vorhandenen Erdgeschoßniveau der Nebengelasse durch zwei Treppen mit jeweils sechs Stufen ausgeglichen wurde. Die Treppen sind mit je zwei dekorativen, portalbildenden Säulen flankiert. Der Raumeindruck wird beherrscht von farbigen und teilweise reliefierten Majolikafliesen, die von der Firma Villeroy & Boch eigens für das Geschäft gefertigt wurden. Das 1836 entstandene Unternehmen hatte Niederlassungen in Luxemburg, Frankreich, Belgien und Deutschland; der Dresdner Betrieb war einer der größten Hersteller für Gebrauchs-, Zier- und Baukeramik, wurde 1854/56 von Eugen von Boch und Alfred Villeroy an der Leipziger Straße gegründet und war bis zur Demontage 1945 hier ansässig. Er lieferte die Wandfliesen für viele Dresdner Gewerberäume, an die höhere Anforderungen in Sachen Hygiene und Sauberkeit gestellt wurden, sowie Zierkeramik, zum Beispiel für den Wandbrunnen im Neuen Rathaus oder das Fries am Mittelgiebel des Finanzministeriums in Dresden.

Für den Milchladen wurden Fliesen gefertigt, die weit mehr als diese pragmatischen Anforderungen erfüllten und vor allem der Repräsentation dienten. Josef Zeutzius, der „Malereivorsteher" von Villeroy & Boch, und Künstler der Dresdner Kunstakademie lieferten die Vorlagen. Die Fliesen sind nicht nur auf dem Fuflboden, an Wänden und Decken angebracht, sie umkleiden die Verkaufstafel, den großen Kühlschrank und Säulen. Die Formen der Dekors sind dem Historismus verpflichtet und der italienischen Renaissance nachempfunden. Putten und Fabelwesen bevölkern die Wände und sind mit Attributen der Milchwirtschaft ausgestattet: Meßzylinder, Milchflaschen und Kondensmilchdosen aus Pfund'scher Produktion, aber auch die anfangs zur Auslieferung benutzten Handwagen, Abfüllanlagen, Kondensiermaschinen und Käsewalzen. Andere Darstellungen zeigen verschiedene Wappen, ein Kaiserbildnis und die reich verzierten Initialien „G.P." für Gebrüder Pfund. In einem der Fenstergewände ist die Jahreszahl 1892 abgebildet.

Den Sockelbereich verzieren florale Ornamente, die teilweise plastisch gestaltet sind. Den oberen Wandabschluß bildet ein umlaufendes Fries, das

Putten des Wandflies

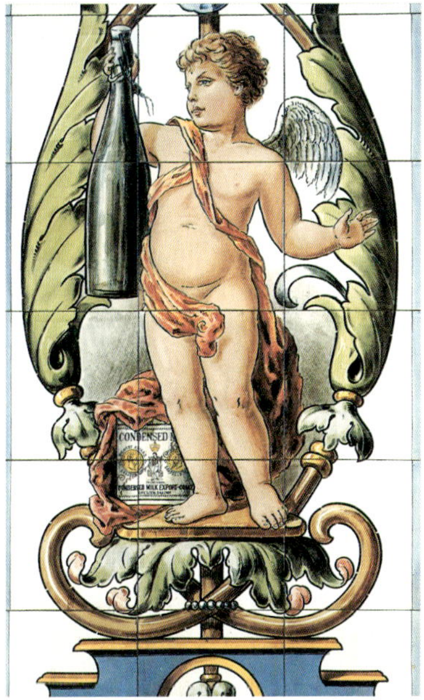
CONDENSED

durch Girlanden verbundene Putti zeigt, die Obst ernten oder Milch in Kannen und Flaschen füllen. Ein milchbeladener Handwagen wird von einem Hund gezogen. In der Trinkhalle zeigen Friese – in der Art von Delfter Fliesen gearbeitet – ländliche Szenen, Hirten und weidende Kühe in flacher Landschaft mit Meer und Windmühle. An der Decke bilden die Kacheln ein geometrisches Muster. Der Fußboden bestand ursprünglich aus elfenbeinfarbenen, genarbten Bodenfliesen aus Serienproduktion, die sich aber in Muster und Anordnung in den Raum einfügten.

In die beiden schmalen Seiten des Ladenraumes sind große Kristallspiegel eingelassen, die optisch eine Ausdehnung des Raumes suggerieren. Ebenfalls an der Schmalseite gegenüber der Trinkhalle, befand sich einst ein Springbrunnen. Daß hier, wie manche behaupten, einst Milch geflossen ist, gehört ebenso wie die Vermutung, daß die Töchter Pfunds in Milch badeten, in den Bereich der Mythen und ist vielleicht dem Sprichwort vom Land, wo Milch und Honig fließen, entlehnt. In Wahrheit floß nur Wasser aus dem Brunnen.

Der Milchladen ist heute eine vielbesuchte Attraktion, und ihm allein ist es zu verdanken, daß überhaupt noch von PFUNDS MOLKEREI gesprochen wird. Die wirkliche Bedeutung der Molkerei und seines Gründers für die damalige Zeit vermag er nur anzudeuten, und in zeitgenössischen Schriften über die Molkerei findet er nur als Randnotiz Erwähnung. Die Ausstattung der Pfund'schen Molkerei, die Produktionsanlagen mit verschiedensten Gewerken, der riesige Fuhrpark, die Laboratorien oder der Festsaal, vergleichbar mit anderen großstädtischen Molkereien wie etwa in Berlin, Chemnitz, Köln, Königsberg oder Magdeburg, waren wichtiges Zeugnis der allgemeinen industriellen Entwicklung im ausgehenden 19. und beginnenden 20. Jahrhundert. Einen Laden wie den in der Bautzner Straße aber gab es nur bei Pfunds in Dresden.

Säulenverzierung in der Trinkhalle

„Von Butterknappheit kann nicht gesprochen werden“

Niedergang und Kriegszeit

Kriege und wirtschaftliche Krisen gingen auch an PFUNDS MOLKEREI nicht spurlos vorüber.

Im Ersten Weltkrieg sank die Zahl der Beschäftigten von 450 auf knapp über 100. Viele der männlichen Angestellten, so auch Kurt und Max Pfund, wurden schon bei der ersten Mobilmachung eingezogen. Zwar erholte sich das Unternehmen nach Kriegsende rasch wieder, doch waren die meisten internationalen Abnehmer im Kondensmilchexport verlorengegangen, holländische und amerikanische Firmen hatten den internationalen Markt erobert. Die während der Weltwirtschaftskrise eingeführten Einfuhrzölle und Einfuhrverbote führten zu einem weiteren, zumindest zwischenzeitlichen Rückgang des internationalen Handels. Verluste, die für Pfund schwer zu kompensieren waren, zumal auch in Deutschland selbst zahlreiche neue Molkereien und damit Konkurrenz entstand. Veränderungen im Steuerwesen erschwerten zudem die wirtschaftliche Situation vieler Betriebe. Die Pfund'schen Kondensmilchmarken „Saxonia“ und „Zwilling“ gehörten jedoch weiter zu den führenden auf dem deutschen Markt.

Die Einführung des Verkaufs auf Marken während des Krieges und die damit einhergehende Rationierung nahm der Molkerei, wie später auch im Zweiten Weltkrieg, jegliche Möglichkeit der Initiative. Im Zweigwerk Lobositz drohte durch die Boden- und Wirtschaftsreform nach der Gründung des tschechischen Staates 1918 die Enteignung. Kurt Pfund siedelte dorthin über, um mit seinem in Dresden gebliebenen Bruder Max Pfund als stillem Teilhaber das nunmehr formal selbständige und damit verkleinerte Unternehmen als

Die Schweinemastanlage Mickten mußte nach dem Ersten Weltkrieg verkauft werden

„Milchwerke Dr. Pfund" zu erhalten, was unter Schwierigkeiten zunächst auch gelang. Mit dem Tod Kurt Pfunds im Januar 1931 aber war dieser Teil der Firmengeschichte beendet.

Im November 1923 lag der Dollarkurs bei 4,2 Billionen Mark, 95 Prozent der deutschen Betriebe waren nicht ausgelastet oder die Produktion war ganz zum Erliegen gekommen. Die Landwirtschaft litt unter dem enormen Preisverfall für ihre Produkte; Butter und Milch wurden vernichtet, obwohl Teile der Bevölkerung an Hunger litten. Das Stück Butter kostete zu dieser Zeit 1 Billion, der Liter Milch 264 Milliarden Mark. Dennoch gelang es den Direktoren Max Pfund und Bernhard Ganssauge in den Folgejahren, die Molkerei erfolgreich weiterzuführen. In dieser Zeit mußte die Schweinemastanlage in Mickten verkauft werden, vom Erlös wurden Grundstücke an der Bautzner Straße erworben.

Weitaus verheerendere und dauerhaftere Auswirkungen als Erster Weltkrieg und Weltwirtschaftskrise hatte der Zweite Weltkrieg. Besonders in den Kriegsjahren war die ausreichende Versorgung mit Nahrungsmitteln schwierig. Und sie war nicht zuletzt ideologisch überfrachtet, die Propaganda der Nazis war bemüht, aus der Not eine Tugend zu machen. Im Kriegswinter 1939/40 erschien ein Buch mit dem Titel „Nahrhaft, schmackhaft kochen – auch im Krieg". Im Vorwort heißt es: „Handeln Sie nach diesem Buch, so fördern Sie nicht nur die Gesundheit in Ihrer Familie, nein, Sie tun noch viel mehr, Sie verstärken den Abwehrkampf gegen die Aushungerungsversuche unserer Feinde. Nicht zuletzt auch in der Küche wird dieser Krieg gewonnen." Da es Politik der Reichsregierung war, sich von ausländischen Lieferungen unabhängig zu machen, aber gerade der Zuschußbedarf bei Molkereiprodukten und Eiern außerordentlich hoch eingeschätzt wurde, orientierte der Ratgeber auf fettarme Nahrung und die bevorzugte Nutzung pflanzlicher Produkte. Empfohlen wurde „Mile, ein schlag-, back- und kochfähiges Milcheiweißerzeugnis", mit dem man Eier sparen konnte. „Dank der sofort nach Kriegsausbruch eingesetzten Rationierung unserer Lebensmittel ist es gelungen, schon nach drei Monaten mehr Butter dem einzelnen Volksgenossen zuzuteilen, so daß von einer Butterknappheit bei uns nicht gesprochen werden kann." Trotzdem galt: Einsatz auf sparsamste Weise.

Am 27. August 1939 war in Deutschland die Verordnung über Zwangsrationierung von Lebensmitteln in Kraft getreten, „Normal-Verbraucher", zu denen „Unproduktive" wie Angestellte und Hausfrauen zählten, erhielten demnach zunächst die Hälfte ihres bisherigen Konsums. Lag die wöchentliche Lebensmittelration für Fett Ende September 1939 noch bei 270 Gramm, sank sie bis Mitte März 1945 auf 109 Gramm. Vor allem durch Lieferungen aus den besetzten Gebieten gelang es aber, abgesehen von den letzten Kriegswochen, zumindest die Versorgung der deutschen Bevölkerung aufrechtzuerhalten, wenn auch auf einem niedrigen Niveau.

Von einer normalen Produktion in der Pfund'schen Molkerei kann vor diesem Hintergrund dennoch nicht gesprochen werden. Neben den unmittelbaren Kriegsfolgen hatte auch die nationalsozialistische Wirtschaftspolitik negative Auswirkungen auf die Molkerei. Schon im August 1933 war es auf Initiative des sächsischen Wirtschaftsministeriums zu einem Anschluß sämtlicher Milchbetriebe an den Milchversorgungsverband Dresden gekommen. Diese Körperschaft des öffentlichen Rechtes regelte die Verwertung und den Absatz von Molkereiprodukten, was den Handlungsspielraum der privaten Molkereien einschränkte. Geplante Neubauten bei PFUNDS konnten nicht durchgeführt werden, ja es gab sogar Versuche zur Enteignung der Molkerei. Im September des gleichen Jahres nämlich war ein Gesetz erlassen worden, das den Reichsernährungsminister ermächtigte, Unternehmen, die landwirtschaftliche Erzeugnisse herstellten oder vertrieben, zusammenzuschließen. Der Dresdner Milchversorgungs G.m.b.H. und der Drema A.G. (Dresdner Milch-Aktiengesellschaft) wurden in der „Nationalsozialistischen Marktregelung" von 1935 exponierte Stellungen zugewiesen, was die Position der Privatmolkereien verschlechterte.

Die Enteignung von PFUNDS MOLKEREI konnte zwar abgewendet werden, und 1938 hatte sie sogar zunächst wieder einen Belegschaftshöchststand von 550 Mitarbeitern erreicht, aber ein weiterer Erlaß zur Neuordnung der Dresdner Milchversorgung trat schon am 3. Oktober 1938 in Kraft. Molkereien durften nun an Privatkunden nicht mehr frei Haus liefern, eine Anordnung, die auf eine Arbeitskräftefreisetzung zielte und für Pfund Konsequenzen hatte: Die Molkerei mußte alle Pferde und Wagen verkaufen sowie 200 Mitarbeiter – sie hießen nun „Arbeitskameraden" – entlassen. Den betroffenen Mitarbeitern zahlte die Molkerei Entschädigungen von insgesamt 24 000 Mark. „Der Freiheitskampf", die von Gauleiter Martin Mutschmann herausgegebene amtliche Tageszeitung der NSDAP in Sachsen, feierte am 6. Oktober 1942 die „Milcherzeugungsschlacht", in der sich der Leiter der Drema als Sieger erwiesen habe.

Nach dem Krieg wurde von der Molkerei der Schaden durch die „Unterdrükkung durch die Nazis" auf „1/3 Millionen Mark" geschätzt. Zwar blieb das Gelände an der Bautzner Straße von der Bombardierung Dresdens am 13. Februar 1945 weitestgehend verschont, doch in der Innenstadt wurden 35 Geschäfte und Niederlassungen sowie ein großer Bestand an Lebensmitteln zerstört und das für die Produktion nötige Transportsystem brach zusammen.

Pfunds Molkerei in ihrer Blütezeit:
Gesamtansicht der Produktionsstätten in der Dresdner Neustadt

Der Pfund'sche Fuhrpark in den fünfziger Jahren

„Hiermit befehle ich …“

Die Jahre nach dem Krieg

Schon kurz nach dem Krieg wurde die Produktion wieder in Gang gesetzt. Unterstützt von der Roten Armee, die konfiszierte Lastwagen zur Verfügung stellte, wurde Milch von den Dörfern geholt. Die verbliebenen Filialen und andere Läden wurden wieder wie einst per Handwagen beliefert. Um auch die Versorgung der Altstadt mit Milch zu sichern, lieferte Pfunds Molkerei nun sogar an den einstigen Konkurrenten Drema, dessen Produktionsgebäude an der Würzburger Straße erhebliche Bombenschäden aufwiesen. Dennoch gab es erhebliche Probleme bei der Versorgung der Bevölkerung in der zerstörten Großstadt, besonders der Mangel an Säuglingsnahrung hatte fatale Folgen. So gab es im Sommer 1945 zeitweise eine Säuglingssterblichkeit von über 70 Prozent.

Auch die Verluste beim Viehbestand und der Wegfall der Milchlieferungen aus dem Osten brachten erhebliche Probleme. Konnte die deutsche Landwirtschaft vor dem Krieg den Ernährungsbedarf des Landes zu 80 Prozent decken, waren es nun nur noch etwa 35 Prozent. Vor dem Krieg hatte der durchschnittliche Kalorienverbrauch in Deutschland bei 3 100 gelegen, war im Krieg erheblich gesunken, allerdings nie unter 2 000, ein Wert, der nach Kriegsende lange Zeit nicht mehr erreicht werden konnte. Waren 1936 im Reichsgebiet noch 127 Liter Milch pro Kopf der Bevölkerung verkauft worden, lag der Pro-Kopf-Verbrauch an Milch 1950 in der gerade gegründeten DDR bei 71,7 Litern.

Das Verhältnis zur sowjetischen Besatzungsarmee war nicht ungetrübt, immer wieder gab es Versuche einer Enteignung. Dem Firmenchef Max Pfund drohte als Besitzer und damit Vorgesetzten der in der Molkerei beschäftigten russischen und polnischen Kriegsgefangenen kurz nach der Besetzung des Betriebes sogar die Hinrichtung. Erst als die ehemaligen Gefangenen sich für ihn einsetzten und ihm ein unter den gegebenen Umständen untadeliges Verhalten bestätigten, wurde das Urteil aufgehoben. Auf der 75-Jahr-Feier 1955 dankten die Mitarbeiter dem inzwischen verstorbenen Firmengründer dafür, daß er den Betrieb auch in den kritischen Tagen im Mai 1945 nicht im Stich gelassen hatte.

Über die Versorgungslage zur damaligen Zeit gibt der Befehl Nr. 354 des Obersten Chefs der Sowjetischen Militäradministration vom 21. Dezember 1946 Auskunft. Man warf zahlreichen Molkereien vor, der Entwendung von Butter und Milcherzeugnissen nicht entschieden genug entgegenzutreten. In Pfunds Molkerei, so der Befehl, bestehe für 1946 eine Fehlmenge von 1 057 Kilogramm Butter. Es wurde befohlen, die ungesetzliche Abgabe von Butter und Vollmilch zu unterbinden, Käse und Quark nur noch aus entfetteter Milch herzustellen und den eigenen Arbeitern und Angestellten nur noch 800 Gramm Quark und 1 Kilogramm Käse pro Woche zu verkaufen. Auf Grund der errechneten Fehlmenge und angeblich nicht gewährleisteter Qualitätsstandards wurde per Befehl am 15. Februar 1947 die Schließung angeordnet. Die Molkerei protestierte und wies anhand eigener Unterlagen sogar eine Überproduktion nach. Ein technisches Gutachten und eine Untersuchung durch das Chemische Untersuchungsamt beim Rat der Stadt bestätigten der Molkerei einen zeitgemäßen Ausstattungsgrad der Technik und einen hygienisch einwandfreien Produktionsablauf. Davon muß auch das Ministeri-

um der Lebensmittelindustrie der UdSSR überzeugt gewesen sein, denn es hielt die Maschinen für so modern, daß es einen Vertreter in die Molkerei schickte, der technische Zeichnungen für einen Nachbau anfertigte. Die Produktion ging also weiter, bis zum 20. April 1960 als Privatbetrieb, wobei bereits Anfang 1946 dem Betriebsratsvorsitzenden Kurt Bernhard „volle Mitbestimmung in der Firma" zugesichert wurde.
1947 war Max Pfund, der Sohn des Firmengründers, aus der Firma ausgeschieden. Er starb 1950. Doch noch wurde der Name PFUNDS MOLKEREI weitergeführt. Die Firma arbeitete unter Leitung des Prokuristen Kurt Sachse und dem technischen Leiter Horst Lehmann, Max Pfunds Schwiegertochter Johanne Pfund war geschäftsführende Komplementärin. Über 200 Beschäftigte belieferten auch jetzt noch 19 Verkaufsstellen. Die Produktion von Speiseeis wurde begonnen, die Kondensmilchproduktion wieder aufgenommen und die Joghurt-Herstellung erweitert und verbessert. Zwei neue Kühlräume wurden ihrer Bestimmung übergeben.
1955 feierte die Molkerei ihr 75. Firmenjubiläum, doch vom Glanz früherer Tage war nicht viel geblieben. Kein König erschien, und auch die neuen Oberen von Stadt und Staat fehlten. Die Festzeitung kam nicht mehr in Hochglanz daher, war maschinegeschrieben und handgemalt, hinter der Silhouette der unzerstörten Stadt ging die Sonne auf, am Himmel schwebten die Engel der Pfund'schen Schutzmarke und waren doch keine Schutzengel mehr. Eine Kollegin rezitierte Freiligraths „Ehret die Arbeit!" und Dehmels „Diese Zeit braucht Deine Hände", noch einmal sang der Männerchor „Wo

VEB Dresdner Molkerei – der Milchladen in den Siebzigern

gen Himmel Eichen ragen", und es war wohl wie ein Abgesang, als ein Mitarbeiter die Erinnerung „Der letzte Milchkutscher" vortrug. Das Orchester Horst Mietrach spielte im Festsaal zum letzten Tanz.

Unter Androhung der Verweigerung von Krediten und des Erwerbs von dringend benötigten Ausrüstungen und Ersatzteilen mußten sich die Gesellschafter 1960 zur Aufnahme einer staatlichen Beteiligung entschließen. Der Betrieb hieß nun DRESDNER MOLKEREI GEBR. PFUND BSB. 1972 erfolgte die totale Enteignung unter Repressionen und massiven Drohungen gegen die in Dresden lebenden Mitinhaber und Gesellschafter. Gegen Zahlung eines Spottpreises wurde die Molkerei verstaatlicht. Knebelverträge, nennt es Paul Pfund, der Urenkel des Gründers. Die alten Werbetafeln wurden sofort abgerissen, bis 1978 arbeitete die Firma als VEB DRESDNER MOLKEREI und war den Dresdner Milchwerken angeschlossen.

Seit 1979 war die Gesamtanlage der Molkerei im Besitz des VEB Geflügelwirtschaft Pirna, Betriebsteil Dresden. Das Molkereigeschäft war zum Erliegen gekommen, der Milchladen an die staatliche Handelsorganisation (HO) verpachtet und blieb als Verkaufsstelle weiter geöffnet. Eine fast hundertjährige Firmengeschichte war zu Ende gegangen.

Paul Pfund, für einige Jahre noch mit Leitungsfunktionen der Molkerei betraut, arbeitete nun als Hauptmechaniker. Schon sechs Jahre nach der Enteignung begann die Beseitigung einzelner Gebäude. Auch viele der Produktionsanlagen, die sich in einem zunehmend schlechten Bauzustand befanden, wurden in der Folgezeit abgerissen. Die Wohnungen und Verwaltungsräume

in den umliegenden Häusern wurden vermietet oder „leergewohnt“, was ihren weiteren Verfall förderte.
1968 war der Milchladen dank dem persönlichen Einsatz von Johanne Pfund und dem Nestor der Denkmalpflege in Dresden, Prof. Nadler, unter Denkmalschutz gestellt worden, was um so wichtiger war, da es nicht wenige gab, die das unzeitgemäße Dekor abschlagen oder wenigstens mit Tapete überklebt sehen wollten. Im Zuge der Umstellung des Verkaufs auf teilweise Selbstbedienung kam es zu einigen baulichen Veränderungen: So wurde der Springbrunnen beseitigt, der feste Verkaufstresen ausgebaut, in die benachbarte Trinkhalle ausgelagert und durch eine standardisierte Variante aus kunststoffbeschichteten Hartfaserplatten und Glas ersetzt. Im Geschäft wurden moderne Regale aufgestellt und die Kasse ausgewechselt. Der Kühlschrank wurde auf Elektroenergie umgestellt, blieb in seiner ursprünglichen äußeren Form aber erhalten und wurde mit einem neuen ergänzt. Der Laden führte in dieser Zeit das für ein Milchgeschäft in der DDR typische Angebot.

Tradition verpflichtet

Der Milchladen und die Neustadt heute

1990 erhielten die Erben von Paul Pfund ihren Besitz zurück und verkauften ihn 1993 an die Baufinanz Sachsen GmbH. Im Milchladen begannen, unterstützt von Mitarbeitern der Dresdner Porzellansammlung, aufwendige Sanierungsarbeiten. Risse und Löcher wurden ebenso wie im Laufe der Zeit eingesetzte Nägel und Dübel beseitigt, spätere Übermalungen entfernt. Die Kacheln wurden mittels Dampfreiniger gesäubert, einige nicht mehr zu rettende Fliesen sowie der gesamte Fußboden wurden von Villeroy & Boch ersetzt. Am 16. Oktober 1995 konnte der „schönste Milchladen der Welt" wiedereröffnet werden, ausgestattet mit 247,90 Quadratmetern handgemalter Fliesen. Er bietet heute im historisch einmaligen Ambiente ein reiches Angebot an Käsespezialitäten und eine Auswahl von Weinen aus aller Welt. Ganz bewußt setzt man dabei auf ein sich vom Standard der Kaufhallenkühlregale absetzendes Angebot von besonderer Qualität und glaubt, damit die ursprünglichen Intentionen des Gründers in die heutige Zeit zu übertragen.

Einige der ehemals zur Pfund'schen Molkerei gehörenden Villen an der Prießnitzstraße wurden bereits saniert und für Wohn- und Gewerbezwecke vermietet. Über dem Milchladen und in einem der Hintergebäude befinden sich heute Restaurants. In dem in ehemaligen Büroräumen über dem Laden eingerichteten Café & Restaurant sind zahlreiche Ausstellungsstücke aus der Geschichte der Molkerei zu sehen. Die heutigen Besitzer planen, dem trotz zahlreicher Abrisse noch immer recht geschlossenen Ensemble sein einst urbanes Leben zurückzugeben. So soll auch der ehemalige Festsaal wieder einer kulturellen Nutzung zugeführt werden. Das Gebiet der ehemaligen Molkerei könnte damit wieder zu einem Anziehungspunkt in der Äußeren Neustadt werden. Gerade hier, wo auf einem großen geschlossenen Areal die Bebauung des ausgehenden 19. Jahrhunderts erhalten geblieben ist, gab es seit jeher eine Mischung von Wohnen, Arbeiten und Erholen. Nachdem noch bis 1989 Pläne zum großflächigen Abriß vorgelegen hatten, wurde die gesamte Äußere Neustadt 1990 zum Sanierungsgebiet erklärt und damit die Grundlage für deren Erhaltung geschaffen. Für manches Gebäude kam diese Entwicklung zu spät, andere – so das ehemalige Ballhaus Orpheum in der Kamenzer Straße – wurden aufwendig saniert und einer neuen Nutzung übergeben. Mit der Realisierung des Projektes „Hohe Haie", einem geplanten Bau des Wiener Architekten Friedensreich Hundertwasser in der Spitze zwischen Bautzner Straße und Prießnitzstraße, wird in unmittelbarer Nähe des Milchladens ein weiteres spektakuläres Gebäude entstehen. Und dies in einem überaus geschichtsträchtigen Umfeld. Gleich um die Ecke, zwischen Pulsnitzer Straße und Prießnitzstraße, befindet sich der älteste Jüdische Friedhof Sachsens, auf der anderen Seite der Bautzner Straße stand einst das Linckesche Bad, dessen Bühne E.T.A. Hoffmann nach Dresden zog, und wenige Meter stadtauswärts, ebenfalls an der Bautzner Straße, eröffnete Mary Wigmann, die Begründerin des modernen Ausdruckstanzes in Deutschland, Anfang der zwanziger Jahre ihre Tanzschule. Die Erhaltung und Reaktivierung eines lebendigen Stadtteils also ist das Ziel, ein

Stadtteil, in dem sich Altes mit Neuem mischt und einander respektiert: Die Ruhe des alten Jüdischen Friedhofs und das nächtliche Leben in den Szenelokalen, die kleinen Handwerksbetriebe und Geschäfte und die alternativen Wohnprojekte, das flackernde Neonlicht eines Record-Shops – und der schönste Milchladen der Welt.

Zahlstelle.